Hugo Albuquerque

FILHO-PLANTA

O diário das primeiras vezes

Pipa Comunicação

Recife, 2021

Filho-planta: o diário das primeiras vezes

Capa, projeto gráfico e ilustrações: Karla Vidal

Diagramação: Augusto Noronha e Karla Vidal

Revisão: Augusto Noronha

Edição: Augusto Noronha e Karla Vidal (Pipa Comunicação)

http://www.pipacomunica.com.br

Catalogação na publicação

Elaborada por Bibliotecária Janaina Ramos – CRB-8/9166

A345

Albuquerque, Hugo

Filho-planta: o diário das primeiras vezes / Hugo Albuquerque; Karla Vidal (Ilustradora) – Recife: Pipa Comunicação, 2021.

EPUB

82 p., il.; 15 X 21 cm

ISBN 978-65-87033-20-4

1. Crônica. 2. Literatura brasileira. I. Albuquerque, Hugo. II. Vidal, Karla (Ilustradora). III. Título.

Prefixo Editorial: 87033

www.livrariadapipa.com.br

Comissão Editorial

Editores Executivos: Augusto Noronha e Karla Vidal.

Conselho Editorial: Alex Sandro Gomes, Angela Paiva Dionisio, Caio Dib, Carmi Ferraz Santos, Cláudio Clécio Vidal Eufrausino, Cláudio Pedrosa, Clecio dos Santos Bunzen Júnior, José Ribamar Lopes Batista Júnior, Leila Ribeiro, Leonardo Pinheiro Mozdzenski, Marcio Gonçalves, Pedro Francisco Guedes do Nascimento, Regina Lúcia Péret Dell'Isola, Rodrigo Albuquerque, Ubirajara de Lucena Pereira, Wagner Rodrigues Silva, Washington Ribeiro.

A orelha do livro

Luciana Locks

—

Uma promessa feita ao filho de registrar todas as suas primeiras vezes. Bom, nem todas, porque isso exigiria um livro de muitas páginas e um pai que estivesse observando o filho o tempo todo. E também algumas primeiras vezes têm suas segundas, que são tão ou até mais marcantes, que merecem registro.

Neste livro, que será um presente para seu primeiro filho, o autor narra a primeira vez que o filho colocou a chupeta na boca, que se virou sozinho no berço, que queria comer bolacha com garfo, que ajudou a mãe a plantar, que experimentou sushi, que levou pontos no queixo, que começou a frequentar a fonoaudióloga. Ufa, papi! Uma lista longa!

Amor traduzido em forma de texto, você conhecerá pequenas histórias do dia a dia de Guilherme. Gui, que tem vários apelidos e muitas frases que provocam um sorriso ou mesmo uma gargalhada gostosa.

E a lista longa de primeiras vezes vai se estendendo e trazendo histórias mais interessantes. A chegada do irmão, registros de muitos passeios no parque, muitos jogos de Pokémon e feira de troca de livros com o pai. No parque temos a ótima passagem quando ele aprendeu a usar um brinquedo, e a busca do olhar do pai para mostrar que tinha conseguido. Um olhar de quem quer compartilhar a vitória e alegria. Um momento de cumplicidade entre pai e filho. Emocionante!

Só a parte da reflexão sobre filhos serem como plantas – que cuidamos com carinho, mas que teimam em mostrar sua melhor face ao mundo, aos outros, em direção ao sol – já valeria o livro, mas Guilherme vai nos trazer mais risadas e perguntas filosóficas que deixam seus pais atônitos antes de conseguirem formular uma resposta.

Por exemplo, como responder quando uma criança fala num final de tarde "é no final do dia que as coisas se revelam, papi"? Ou quando ele quer usar Tic-Tac para escovar os dentes – explicação pedida e vem a pérola "é que ele arde do mesmo jeito que pasta"?

Quando os pais, tentando explicar da melhor forma que iriam viajar por dois dias e que ele ficaria com alguém conhecido, e ele solta "como eu vou ter família"? Na sua inocência, não conseguia ainda entender que o amor dos pais está sempre presentes com toda sua força – mesmo que à distância. Nesta parte temos reflexão poderosa sobre como nossa família nos influencia sobre quem nos tornaremos.

E como fechar um relato de primeiras vezes sendo que nossa vida é repleta delas se nos abrirmos para novas experiências? Esperar um grande acontecimento? Como decidir qual seria? A melhor forma encontrada para o final foi reiterar todo o amor, reiterar como aprendemos com essa convivência de uma família que se respeita, de pais que estimulam os filhos não a terem coisas, mas sim a serem pessoas de caráter, honestas, que respeitam o próximo neste mundo tão desafiador.

Os relatos sobre o Gui, com sua veia cómica, filosófica e trelosa, vão te conquistar a cada página!

se prece ... por ...
... está adorando
ES e "zerou" seu ...
...el. Esta semana suas aulas
foram retomadas, mas em casa
e teve suas 1ªs aulas on-line.
seu 1º (e tomara, único) aniversá...
...oração e ... também ... em com...

Para:

Gui, Guiga, feijãozinho, gorducho, sleepy hard, bruce willis jr., podreira, azedume, danadão, gostosura, gordoidão, charmosão, budinha, yodinha, pitoco, buchecho, guigucho, guigonésio, zé, bonitão das tapiocas e pentágono.

PREFáCIO

As primeiras vezes na vida de um ser humano não findam

Carolina Medeiros

—

Quando fui convocada a entrar em campo e escrever este prefácio não me ocorreu, momentâneamente, acerca do quê discorrer aqui.

Mas os caminhos se cruzam e as horas se anunciam fazendo a gente refletir um bocado sobre tudo.

Quando nos concebemos verdadeiros pais e mães de nossos filhos na sociedade atual, somos, inevitavelmente, arrastados pela correnteza de expectativas. Aqui em casa, tais expectativas, não estão focadas em torno de quem nossos filhos serão, pois sabemos desde já que eles são os donos de seus destinos, mas em torno de quem seremos enquanto pai-mãe-educadores.

Educadores antes de tudo, não por profissão, embora o sejamos também, mas por compromisso. Quem podemos ser para esses meninos que encaram um mundo quase cruel em quase tudo em que se constitui? Temos mesmo que ser as melhores versões de quem possamos ser. A palavra elucida, o exemplo arrasta.

Parece pesado? E é! Educar filhos não é fácil. Se você acha que pode passar por essa experiência ileso, imutável, você está dourando a pílula. Sempre é disruptivo descobrir a extensão do amor envolvido e os desafios emocionais, fisiológicos e cognitivos impostos aos adultos durante a criação de filhos. Detalhe: absolutamente nada lhe prepara para o que está por vir, abandone paradigmas e se desnude.

Se você acha que pode passar por essa experiência ileso, imutável, você está dourando a pílula.

Pela minha formação, aprendi um pouco de psicologia. E descobri, sem muita surpresa, que a fase egocêntrica de quem somos pode durar eternamente. Um dos processos que pode nos ajudar a abandoná-la seria, justamente, o deixar a posição de filhos e o tomar lugar na posição de pais-mães. Para mim, essa máxima foi muito verdadeira, e a reconstrução de quem sou se deu e se dá desde nossas gravidezes, percorrendo meus puerpérios e o santo pão nosso de cada dia. A maternidade tem sido esclarecedora como um abrir de cortinas, ressignificando todas as memórias e relacionamentos entre mim e meus cuidadores.

Desde o ventre, gestar, cuidar, acompanhar em tempo integral se tornam uma segunda profissão. E, sem dúvida, a que você abraçará com mais fervor e gozo. Isso, se você está de cabeça na missão e aceitou essa passagem de ida sem volta para o mundo colorido das crianças. Em contraponto, o cenário caótico em que criamos filhos no Brasil nos traz angústia, dentre tantos outros sentimentos, mas angústia principalmente. Sem leis que permitam aos pais-mães se dedicarem em tempo integral aos primeiros anos de vida e com licenças curtas. Amamentamos nossos filhos, pensando no retorno ao trabalho, absurdamente precoce.

Trabalhamos incansavelmente para deixar-lhes algum patrimônio e garantir sua segurança e bem-estar, lutando para equilibrar a balança tempo e dinheiro, saboreando a chuva de impostos do governo sem direito aos direitos básicos em troca. Pior, sem poder aspirar a dias melhores, em nosso cenário político-econômico, por enquanto.

Ainda grávidos, li *A maternidade e o encontro com a própria sombra*, de Laura Gutman e fui já tocada com o poder do que estava por vir. Recomendo a leitura a todos, me ajudou a significar a morte do meu antigo eu e abraçar com paixão quem me tornaria.

Felizmente, estou acompanhada nessa jornada por um companheiro igualmente disposto, Hugo Albuquerque, que traz nesse livro um relato afetivo de memória recheado das primeiras vezes e dos sabores e dissabores do processo de crescer juntos a nossos filhos.

De leitura fluida e doce, como todo tipo de memória deveria ser, Filho-planta: o diário das primeiras vezes traz um fio narrativo curioso, como toda criança o é. Projeto de um pai comprometido com as memórias do próprio filho primogênito para que ele possa acessar sua história pelas histórias e palavras que aqui estão escritas, assim como todos nós o fazemos, através de fotos, vídeos e dos causos e peripécias que nos contam nossos avós-avôs e cuidadores.

Memória não tem preço. Pertencimento, ancoragem, o saber onde estão nossos atracadouros, onde fincamos as raízes mais primitivas de quando despertamos aqui na Terra. Tudo isso permeia essas palavras que se contam por aqui, uma longa carta de amor de um pai a um filho. Como a história se deu nos primeiros sete anos de Gui, como ela se escreveu dentro dos dias corridos de uma rotina puxada.

De leitura fluida e doce, como todo tipo de memória deveria ser.

Gosto dessa palavra: compromisso. Afinal, quando decidimos ter filhos estamos firmando um compromisso, talvez o mais importante de nossa passagem aqui no planeta. Comprometemo-nos com o bem-estar e a felicidade de seres tão indefesos, que vão se revelar surpresas inacabáveis. As primeiras vezes na vida de um ser humano não findam, e é isso que desejo a nossos filhos, que tenham sempre o sabor das primeiras vezes e a capacidade de saboreá-las sempre que ocorram com a leveza de quando eram crianças. E a você, que lê o relato, curta! Espero que você relembre seus próprios fragmentos de infância, suas histórias de família, aquilo tudo que lhe torna quem você é.

As primeiras vezes na vida de um ser humano não findam, e é isso que desejo a nossos filhos.

SUMÁRIO

O diário da primeiras vezes

Hoje de manhã eu vi pela primeira vez você colocar a chupeta na boca sozinho. Sua mãe já havia me dito que você conseguia, mas apenas hoje eu testemunhei essa pequena conquista.

Claro que você ainda não a recoloca com a ajuda das duas mãos, mas já é um progresso, hein!?

—

O tempo passa muito rápido. Você já está com três meses e todo dia nos surpreende com um comportamento novo. Você fica maravilhado com tudo. É uma fase de muitas descobertas.

No tapetinho que sua mãe comprou, você se diverte com os bichinhos, texturas e sons. Sempre te coloco de barriga para cima para que você brinque com os penduricalhos e tenho te dado uma mãozinha para você virar de bruços quando tenta insistentemente. Hoje eu não precisei. Você já sabe se virar sozinho.

—

Novembro veio com muitas novidades e os teus seis meses de vida nos reservaram muitos primeiros momentos.

Você já tem dois dentinhos que incomodaram bastante para sair.

Depois de algum tempo engatinhando para trás, você já se move em todas as direções. O tapetinho emborrachado já não te põe limites.

Você já almoça quase feito gente grande! Come legumes, feijão, carne e frango. Mas ainda faz a maior bagunça e lambuza tudo.

Já bate palma e senta bem direitinho. Acho que da próxima vez que escrever aqui você já vai estar chorando ao se despedir de nós quando sairmos para trabalhar. Vai ser um pouco triste, mas isso também vai passar.

—

O mês foi repleto de viagens e fiquei fora por quase duas semanas. Cada retorno para casa, minha alegria em rever você e sua mãe era maior.

Acompanhei seu dia a dia nas mensagens que sua mãe me enviava (inclusive vídeos). Em uma delas pude ver você ensaiar um gritinho de índio quando sua mãe colocava a mão na sua boca.

Minha surpresa aumentou quando depois da última viagem, cheguei em casa e vi você mesmo fazendo a brincadeira. Tudo bem, às vezes você coloca a mão no ouvido, na bochecha e bate querendo produzir o som. Mas, geralmente você consegue após algumas tentativas.

—

Hoje terminou sua primeira semana da escola. Ainda foi uma semana de adaptação e você só ficou lá por cerca de duas horas cada dia. Sua professora é massa.

Houve alguns momentos de choro, mas no geral você se adaptou bem. Só quando sai da sala para ir ao parquinho se nos vê fica choramingando um pouco mais. Com certeza foi uma semana de muitas primeiras vezes para você e se já estivesse falando saberíamos de muitas das suas novas experiências. Elas são só suas por enquanto.

Há algumas semanas seu sono está bem desregulado e você tem acordado muito durante a noite, o que nos exige fisicamente sempre um pouco mais. A partir da próxima semana você ficará na escola a tarde inteira e acho que virá para casa um pouco mais cansado.

Você lancha na escola e a professora me disse que ontem você queria comer as bolachas com o garfo. Você e suas macaquices!

P.S.: a palavra que você mais falou este mês foi gol.

—

Filho, julho está trazendo muitas experiências inéditas para você. Afinal de contas, são as suas primeiras vezes.

Ontem, chegamos de João Pessoa (PB), onde passamos o fim de semana e você dormiu em hotel pela primeira vez.

Foi uma farra: praia, piscina, shopping center e até zoológico. Sua mãe achava que você iria amar o zoológico, mas você queria mesmo era brincar. Acho que quando você ficar mais velho vai se interessar e curtir mais.

Tem mais três semanas de férias para você aproveitar! Acho que vou ter que registrar mais coisas aqui neste diário. Neste exato momento, você está ajudando sua mãe com as plantas na varanda.

—

Filhos-plantas

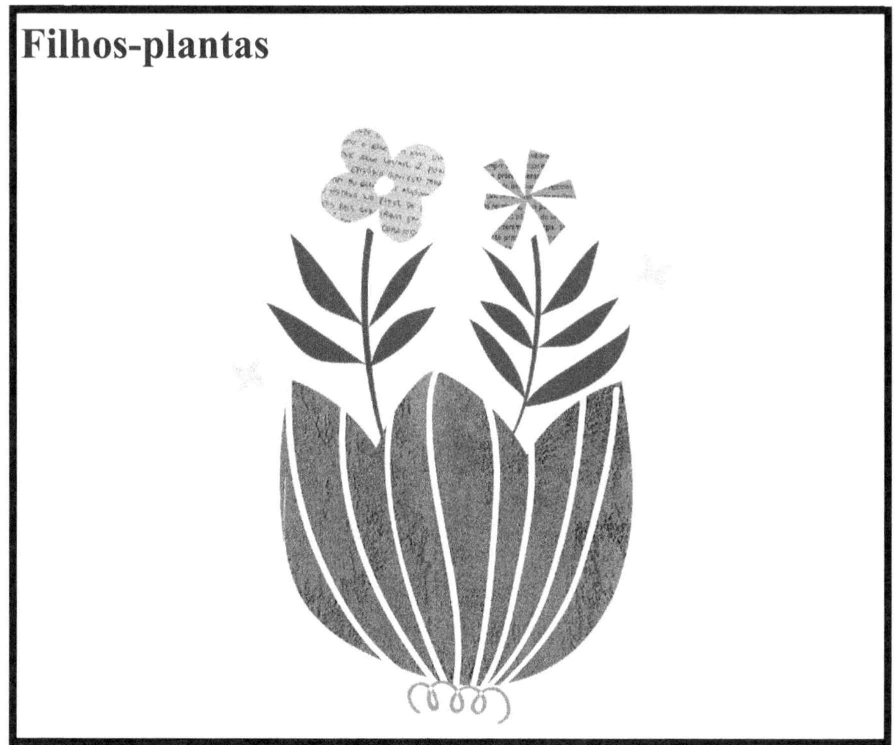

Minha esposa adora plantas. Na varanda do nosso apartamento ela plantou em vasos que ficam dispostos milimetricamente espaçados uns dos outros: hortelã, alecrim, manjericão e umas outras das quais não me recordo os nomes embora já tenha perguntado tantas vezes que poderia até ter decorado os nomes científicos de cada uma.

Desde que nos beijamos pela primeira vez parece que as plantas pontuam nossa vida juntos. Do beijo na bochecha que lhe dei nos jardins da faculdade, passando pelas flores que ela escolheu uma a uma para o nosso casamento (as do arranjo de seu cabelo marcaram a camisa que eu vestia de forma indelével), aquelas que comprávamos às 5 da manhã na feira de orgânicos perto de nosso 1º apartamento, às begônias que foram raptadas de alguma festa e viraram um conto dela que se perdeu por suas gavetas de papéis e mais recentemente o pequeno jardim que está na varanda e que, segundo ela, nosso pequeno filho de 2 anos ajudou a plantar, mas só eu sei que ele estava mesmo era fazendo bagunça com aquele montão de terra.

Minha esposa também é muito boa com imagens, quer seja capturando-as em fotos ou criando-as em seus poemas e metáforas. A última dela foi com as plantas. Ela estava mudando os vasos de lugar, na verdade trocando os lados deles que estavam virados para o sol e que evidentemente estavam mais viçosos e floridos. Um por um ela os girava de forma a exibirem para dentro do apartamento todo aquele viço que ninguém mais via, a não ser que algum vizinho bisbilhoteiro do prédio a nossa frente munido de binóculos tentasse enxergar nossa varanda no 14º andar. Enquanto fazia isso, me dizia que os filhos são como as plantas, que regamos e cuidamos com carinho, mas que teimam em mostrar sua melhor face ao mundo, aos outros, em direção ao sol.

Acho mesmo que ela estava certa, porque no mesmo dia conversávamos sobre os comportamentos de nosso filho na escola ou na casa de parentes quando não estávamos. Quando viajamos a primeira vez ao exterior depois que ele nasceu, minha mãe e a tia de minha esposa teceram odes ao seu bom comportamento e amorosidade. Já quando está conosco insiste em não comer o jantar ou lançá-lo frequentemente ao chão imediatamente depois de eu o ter varrido.

Como pais-jardineiros que somos, além de regar, podar e fertilizar nossos filhos-plantas insistimos em virá-los constantemente de modo a enxergarmos seus melhores lados. Filho, dá aqui um pedaço desse pão pro pai. Filha, canta a música de Frozen que você aprendeu no curso de Inglês. Como é o nome do presidente dos Estados Unidos? Queremos que eles demonstrem sua generosidade, inteligência, destreza linguística e tantas outras facetas sobre as quais muitas vezes só ouvimos pelos professores, avós e amigos. Semana passada nosso filho falou a primeira frase: It's blue. Ele está numa escola bilíngue e claro que soubemos do fato pela professora dele. Filho, fala que cor é essa. Blue. E só. Nada da frase completa que ansiamos tanto em ouvir. Nossos filhos-plantas seguem deixando seus pais-jardineiros com a face, digamos, menos viçosa de suas personalidades. De vez em quando tornamos a girar seus vasos para enxergar o lado mais belo, mas como espertos filhos-plantas que são, continuam a crescer em direção ao Sol.

Filho, já estamos terminando o primeiro terço do ano e o tempo está voando!

Você já não chupa mais chupeta e só usa fraldas para dormir à noite. São marcos importantes no seu crescimento.

Ainda não está falando tanto quanto seus colegas, mas já fez progressos desde a metade do ano passado. Eu e sua mãe estamos relativamente tranquilos com relação a isso, mas fomos buscar a avaliação de uma fonoaudióloga para entendermos um pouco mais sobre seu processo de fala. A primeira sessão foi muito boa e a abordagem utilizada foi Waldorf/Padoviana. O método Padovan é uma reorganização neurofuncional que recapitula as fases do neurodesenvolvimento. Na prática, quer dizer que não é apenas uma sessão que exercita o sistema fonoaudiológico, é uma abordagem mais ampla. Veremos seu progresso em breve.

Filho, no fim do mês passado você foi ao estádio de futebol pela primeira vez. Eu e sua mãe te levamos à Ilha do Retiro, casa do nosso Sport Club Recife! O jogo foi às 11 horas e você ficou admirado com o tamanho do gramado. Sua referência até esse dia tinha sido o campinho gramado do prédio.

Antes do começo do jogo, brincamos nas arquibancadas e você tirou foto no mural do "paredão" Magrão, nosso goleiro pegador de pênalti e maior ídolo.

No meio do primeiro tempo, depois de comer muita pipoca, você dormiu no colo de sua mãe logo após a chuva que caiu para esfriar o calor daquele dia. Isso aconteceu também na primeira vez que te levamos para um bloco de carnaval. Estou começando a achar que há um padrão aí.... rsrsrsrsrsrsr

Saímos no meio do segundo tempo, pois o sol estava muito forte. Por isso, não vimos os dois gols do Corinthians na partida válida pelo Campeonato Brasileiro. Ainda bem. Tudo bem. Ainda teremos a oportunidade de ver nosso leão ganhar muitas vezes. Pelo Sport tudo!

Ah... Você ficou assustado com o grito de guerra da torcida, o nosso cazá, cazá! Nossos adversários também. Não tem problema, você se acostuma. Só espero que não se acostume muito com os palavrões que ouviu pela primeira vez nas arquibancadas sociais da Ilha do Retiro.

Do teu pai leão.

—

Hoje você aprendeu uma palavra nova. Sei bem que aos três anos de idade, cercado por um pai e uma mãe bem falantes e assistindo a muitos desenhos animados, mais até do que gostaríamos, isso pode parecer bem banal. Apuros, delicioso, tudo bem, escudo, surpresa, construtor, pirulito, máscara. Diariamente, achamos muita graça a cada nova palavra dita, mesmo que às vezes um pouco fora do contexto, palavras que testam seus limites como se quisessem encontrar seu lugar no mundo. No seu mundo.

Recentemente descobrimos que você estava com um pequeno atraso na fala. Formularam mil teorias sobre o fato: hiperatividade, agressividade e até autismo. Corremos feito loucos atrás de vários especialistas: fonoaudióloga, otorrino, neuropsicóloga e neuropediatras. Só esquecemos de te perguntar se você estava assim porque mudou de turma e os colegas novos ainda não te entendiam tanto quanto os do ano anterior. E se você sofria com isso. E se esse sofrimento era extravasado com uma agressividade anormal para você. Mas por algum motivo achávamos que você não entenderia.

Não que você seja uma criança silenciosa. Não mesmo. Falante até. Mas seu idioma é hermético para os ainda não iniciados. Dizem que alguns fonemas são trocados e que na verdade o problema está na sua respiração. Bem agitado, é como se o que precisa ser dito não tenha paciência suficiente para esperar ser articulado. É possível. Normal. Esta talvez seja a idade em que mais nos atiramos ao mundo e vivemos sem medida. Vida louca: uma enchente de cores, sons, texturas, odores, sentimentos, palavras, sabores e gente invadindo uma cabecinha que ainda usa os dois lados em sua potência máxima, sem a divisão careta do lógico, matemático, artístico, físico.

A palavra, antes que eu me esqueça, e a divagação me leve, foi curativo. Não que você não tenha se machucado antes. Tenho certeza de que você já tinha ouvido a palavra. Mas como dizem os especialistas é preciso algo mais forte para consolidar o que aprendemos. Não basta ser apresentado a algo novo. Não vou lembrar ao certo em qual dos zilhões de documentários que eu e sua mãe assistimos para sermos pais com alguma dignidade ouvimos alguém dizer que a fita isolante das sinapses é o amor. Bonito isso. Com certeza uma linda imagem, mas incompleta. Incompleta porque, como aconteceu com você, não foi o amor que consolidou o aprendizado da palavra curativo. Foi a dor e o sofrimento.

Você precisou fazer uma postectomia (ou circuncisão). Esta palavra eu também aprendi recentemente. Embora postectomia seja uma daquelas palavras inúteis pois você sempre vai precisar de parênteses para explicá-la com um sinônimo. Para os hebreus o procedimento era uma prova da aliança com Deus. Talvez eles tenham aprendido isso com os egípcios e posteriormente com a influência grega, o costume caiu em desuso entre muitos povos. No seu caso, era preciso fazer, não por motivos religiosos, mas porque isso evitaria infecções no futuro. Recebemos uma cartilha com 11 páginas do seu médico. Conversamos com alguns pais e mães de filhos que fizeram a cirurgia. Sabíamos toda a teoria, mas não estávamos completamente preparados para lidar com o pós-operatório. Na verdade, não estávamos preparados para lidar com sua dor.

Eu e sua mãe já conhecíamos a palavra curativo. Mas hoje ela aumentou seu significado. Aprendemos com você que curativo significa amor. Mas amor também era uma palavra que já conhecíamos. Amor é uma dessas palavras que nos enganam, escondendo suas nuances, revelando-se aos poucos. Amor de homem e mulher, de mãe, de irmão, de amigo. Você ensinou para a gente o que era amor por um filho. Mesmo assim ainda não sabíamos o tamanho do amor. Hoje, trocando seus curativos depois da operação, curativo significou para nós um amor desmesurado, um amor que dói a dor do outro, um amor escudo e ao mesmo tempo impotente. Sei que você ainda não entende a palavra amor de tantas maneiras e que a palavra curativo hoje para você significa dor. Mas, um dia estas duas palavras se encontrarão no teu mundo. E os mundos associados a cada uma delas vão colidir. Nesse dia, você vai ter certeza como temos hoje que Curativo e Amor são sinônimos.

Eu e sua mãe já conhecíamos a palavra curativo. Mas hoje ela aumentou seu significado. Aprendemos com você que curativo significa amor.

—

Filhote, julho foi intenso demais!!! Além de sua pequena cirurgia, eu tive muitas viagens e não pude aproveitar suas férias junto com sua mãe. Mas, já estamos organizando as próximas. Não vai faltar diversão.

Num dos poucos fins de semana que não viajei ou trabalhei, comemoramos meus 40 anos e você nos deu um susto daqueles. No salão de festa do prédio em que sua avó mora, você bateu o queixo em um banco de cimento e teve que levar dois pontos.

Esse episódio reviveu em mim todas as vezes em que me cortei ou quebrei algum osso. Só que dessa vez, eu estava no papel de pai e pude sentir tudo que meus pais passaram em cada uma de minhas trelas.

Você foi super corajoso e uma semana depois já tinha retirado os pontos e estava de volta à escola. Como você mesmo diz: "ufa, papi!".

Oi Guiga! Esses últimos dois meses foram de viagens pela Bahia, Paraíba, Rondônia, Rio de Janeiro, Ceará, São Paulo... Ufa! Cada vez que me ausento de casa, a saudade de você e de sua mãe só aumenta.

Tentamos minimizar a distância com ligações e vídeos, mas a verdade é que nada substitui as brincadeiras e trelas que fazemos juntos. Nós três aprontamos bastante.

Neste intervalo entre a última vez que te escrevi e agora, vou tentar fazer um levantamento do que passou: você foi ao circo pela primeira vez, se fantasiou para o dia das bruxas da escola, foi ao Parque do Baobá (que você chama de baubua... rsrsrsrs), e teve sua primeira aula de natação (um pouco traumatizante, devo admitir). Você vem fazendo bastante progresso na fonoaudióloga e já está um tagarela, embora ainda troque alguns fonemas como quando você diz "xoxó tis" quando quer dizer vovó Cris.

Bjs do papi louco.

Recentemente precisei viajar para um compromisso profissional – um lançamento de um livro do qual participei com um artigo – e pedi a minha esposa que me acompanhasse. Como sempre tentamos fazer quando precisamos preparar nosso pequeno filho de 3 anos para mais uma das minhas incontáveis viagens, sentamos e conversamos com ele avisando que dessa vez os dois estariam fora por uns dias. Na maioria esmagadora das vezes quando temos essa conversa quase nada acontece, uma ou outra vez ele pergunta se vou de avião. Dessa vez foi diferente. "E como eu vou ter família?" Foi assim que ele reagiu.

Se você é pai, mãe, pãe ou qualquer outro rótulo que defina você como cuidador de uma criança (pode ser de um bichinho também), você vai certamente se identificar com essa situação. Como respondemos uma pergunta que nunca nos fizeram ou para a qual você não tem a mínima noção do que dizer? Tentamos em vão. O fato é que para meu filho de 3 anos e meio, família é pai e mãe, ou, como ele mesmo diz, papi e mami. Mas não importa muito o arranjo de família, no fim é a mesma coisa: como ficamos no mundo sem aqueles a quem estamos acostumados a dividir as refeições, as doçuras, os conflitos, alegrias e aperreios? Pode ser por dois dias, uma semana inteira ou até meses. Pode ser que nos sintamos mais ou menos como nosso pequeno Gui.

Como ficamos no mundo sem aqueles a quem estamos acostumados a dividir as refeições, as doçuras, os conflitos, alegrias e aperreios?

Nós somos tanto a nossa família que até esquecemos como é ser sem família. Como eu sou sem a repetição dos ditados de meu pai? Ou sem a onipresente (des)aprovação doce e silenciosa de minha mãe? Como sou sem os filmes e livros de que aprendi a gostar tanto com minha vó? Como ser sem a comunhão com meus irmãos das paixões mais bestas como o futebol? Quem sou eu à mesa sem as dicas de etiqueta de minha irmã?

A pergunta que nosso filho de 3 anos e 7 meses fez é, em última análise, aquela que fazemos toda vez que saímos de casa, viajamos, pensamos em morar fora ou quando alguém da família morre. Como eu vou ser sem essas pessoas que me definem? Não dá. Mesmo quando elas se forem, longe do convívio diário, distantes geograficamente, ainda continuam a ecoar no oco da gente suas influências, opiniões, trejeitos.

É essa herança, marca indelével da passagem dessas pessoas pela nossa vida, que a pergunta de meu filho celebra. Na inocência dos seus três anos, 7 meses e 18 dias ele ainda não entendeu que mesmo longe a família está tão dentro da gente que por muitas vezes desejamos profundamente que assim não o fosse. Mas é. Como é.

Se eu tivesse que responder àquela pergunta do meu filho agora, talvez dissesse a ele que não se apressasse em descobrir a resposta. Se importe mesmo é em estar com a gente, com sua vó, suas primas e tios o máximo de tempo que puder. Na praia, em casa, no Natal. Desse jeito, Gui, a vida vai se encarregar de deixar sua família dentro de você para sempre, tão dentro que você nunca vai estar realmente sozinho.

—

Sushi

A mesa já estava posta, as cervejas na geladeira desde a hora do almoço. Sexta à noite frequentemente tem sushi aqui em casa. Fornecido pelo restaurante japonês da esquina que já tem até nosso pedido gravado: combo de 20 peças. Sushi de salmão, peixe branco e atum, uramaki, sunomono misto, carioca e salmão maçaricado. Tudo pago pelo vale refeição. A pequena farra geralmente tem trilha sonora e dependendo da ocasião a produção inclui até velas. Tudo isso depois de nosso filho ir para cama.

Essa sexta foi diferente. A excitação de todas as brincadeiras e o fato da mãe estar de férias e grudada com ele umas 15 horas por dia não deixaram o pequeno dormir tão fácil. Pediu para ficar no sofá enquanto jantávamos pois não queria ir dormir sem um adulto. Cedemos e, de repente, o que seria uma noite para colocarmos as conversas em dia, trocar uns carinhos no sofá e acabarmos fazendo amor se transformou em um prolongamento das conversas mirabolantes de Gui com direito a solo de flauta doce em níveis de decibéis perigosos aos ouvidos enquanto o cd player tocava (pelo menos se esforçava) o último cd do The Lumineers.

Com alguma habilidade e muita paciência consegui convencê-lo de fazer o bendito solo de flauta doce só até a penúltima música do cd. Pelo menos uma música eu iria ouvir na versão original. Só que não. Gui ainda tinha guardado a última pérola do dia: "Pai, nós somos uma história?" Se isso era fruto das inúmeras fantasias, estórias diárias antes de dormir (às vezes mais de uma) ou das aventuras de todos os seus heróis favoritos, era difícil dizer. Mas também podia ser outras coisas: uma pergunta original, uma indagação existencialista ou ecos de uma existência anterior. Resolvi encarar a pergunta por esse último viés (ou vieses).

A vida bem que é isso mesmo, Gui. Uma história. Mas são muitas histórias juntas e todos os gêneros misturados num balaio só, tipo aqueles filmes em que tudo e todos estão ligados de algum modo. Tem aventura, romance, comédia, horror, drama, ficção, documentário. Tem história local, (co)produção internacional, de arte. Não sei onde arrumam tanta gente de figurante, coadjuvante, protagonista, vilão, mocinha e participações especiais. E o mais incrível de tudo isso é o roteiro, como tudo se encaixa (depois de algum tempo, claro) ao longo de 30, 40 ou até 80 anos. Um super longa metragem alinhavado num intricado conjunto de histórias cruzadas e nenhum acontecimento gratuito. Não existe acaso nessa história. Tudo modifica e é modificado pelo que fazemos, como naquela conclusão de Borges quando muda o Saara simplesmente por pegar um punhado de areia em suas mãos.

E nesse patchwork infinito de histórias tão granulares quanto as areias de todos os desertos combinados, você veio cruzar a vida da gente. Encher seus pais de perguntas, dar as suas próprias respostas, tocar sua flauta doce desafinada, se fantasiar de cavaleiro, hulk, pirata ou minion. Para onde esse roteiro vai levar a gente eu ainda não sei, mas estou adorando fazer uma ponta no seu filme e assistir tudo de camarote com um balde de pipoca e sushi, se for sexta-feira.

—

Oi, filho. O tempo tem sido escasso para te escrever e registrar todas as suas primeiras vezes, mas estou aqui de novo para tentar atualizar o relato deste que será o quarto ano da tua atual existência.

Tanta coisa aconteceu de janeiro para cá: começamos a te levar regularmente para a evangelização no centro; você teve escarlatina; está fazendo aulas de natação e um tratamento homeopático.

Esse último por conta de uma investigação que fizemos e cujo resultado foi: alergia a ovo e leite de vaca, mais precisamente à caseína, a proteína do leite). Nesse caso não adianta consumir alimentos sem lactose, tem que ser leite de soja ou de outra coisa que não seja animal.

Com certeza, uma revolução nos seus hábitos alimentares e mais uma oportunidade de sua mãe mostrar todo o amor e cuidado por você: ela tenta todo tipo de receita para substituir esses ingredientes nos teus pratos favoritos como papa de aveia e panqueca, sem falar nos cupcakes e bolos. O legal é que ficam bem gostosos. A panqueca de banana é muitas vezes melhor do que a que leva ovo e leite, por exemplo.

A nossa alergologista disse que talvez isso seja passageiro e daqui a uns anos tentaremos reintroduzir o ovo e o leite no teu cardápio. Por enquanto, você tem sido um anjo e tem lidado muito bem com as restrições, sempre perguntando se pode comer determinados alimentos.

Na Páscoa, sua mãe fez um ovo cheio de brinquedos e chocolate de soja. Você adorou!

Fomos a João Pessoa pela segunda vez juntos e você também amou tanto que queria ficar lá no hotel!

Enquanto termino de escrever este relato, você me observa comendo cereal do Star Wars e diz: "papi, não esquece que esse livro é meu". Pode deixar, estou só escrevendo as primeiras páginas enquanto sua cabecinha não consegue registrar tanta novidade. Mamãe chegou também para te levar para o banho. Hora de dormir.

Mês que vem, você já terá quatro anos e te conto como foi a festa de Toy Story que você pediu. Vamos esperar pelas receitas novas e criativas de sua mãe.

—

Refeições. Esse é sempre um capítulo especial no livro de memórias de uma família. Seja ela de que tamanho for. Eu cresci com mais três irmãos e lembro de sempre haver mais alguém à mesa além de nós 6: um amigo, um parente, um funcionário de meus pais (ou até uma mistura dos dois últimos).

Uma das melhores recordações que tenho de refeições, porém, era quando estávamos apenas meus irmãos, eu e minha mãe. Para coordenar quatro ferinhas na hora do almoço e garantir que todos comessem bem (traduzindo...ficássemos empanturrados), minha mãe fazia um prato que chamávamos de bolão. Na verdade, era o mesmo feijão, arroz e bife de molho tão comum por aqui. Mas, na hora de servir, ela amassava o feijão e misturava com farinha de mandioca, depois acrescentava arroz, misturava mais um pouco e começava a mágica: ela ia fazendo pequenos bolinhos com essa mistura pouco menores que um quibe. O toque final antes do bolinho virar história nas nossas famintas bocas era simples: minha mãe o mergulhava nesse prato fundo cheio de molho com a carne desfiada e pedaços de batata (às vezes, cenoura também). Daí ele ia direto para uma das quatro bocas já abertas e cheias de água de cada um de nós.

Claro que a cada bolinho entregue para um filho, os outros 3 não se continham de ansiedade para sua vez. Tanto que minha mãe foi aumentando gradativamente o tamanho de cada bolinho para que nós tivéssemos comida suficiente para mastigar até que chagasse nossa vez de novo. Sabedoria maternal.

Hoje, na nossa pequena família, a mesa é menor. Ainda não repetimos a tradição do bolão com nosso filho, embora todos os ingredientes já estejam em seu prato...esperando aquele dia em que a mágica vai acontecer de novo e mudar para sempre o jeito como ele enxerga e come feijão, arroz e bife.

Como pai e mãe ainda novatos, buscamos ainda as soluções engenhosas de minha mãe para fazer o nosso filho de 4 anos permanecer concentrado durante toda a refeição. Recentemente, insistindo para que ele coma sozinho.

Não é fácil. Filho, começa a comer. Meu amor, a comida está esfriando. Gui, nós vamos nos atrasar. Mami já fez sua colher. Come o tomate e o pepino também. Não toma todo o suco de uma vez senão não sobra espaço para a comida. Olha, se não comer tudo não tem sobremesa. Se concentra, filho.

Às vezes, eu e minha esposa saímos da mesa após terminar a refeição para tentar fazer ele se concentrar mais e interromper menos com todas as conversas dos episódios dos seus desenhos animados favoritos, suas sugestões de temas para a próxima festa de aniversário, pedidos de brinquedos, fantasias, doces, reflexões metafísicas sobre a natureza das verduras e adivinhações sobre o sabor do suco do dia. Filho, se concentra.

Entre uma ida no quarto dele para arrumar a mochila da escola ou escovar os meus dentes e a volta à mesa para fiscalizar o progresso da refeição, um belo dia me deparo com isso: ele, de mãos juntas, olhos fechados, murmurando algo baixinho. Filho? Que foi? Nada, papi. Tô só pedindo a papai do céu para eu me concentrar e poder comer o almoço.

Agora, quem junta as mãos, fecha os olhos e pede algo a Deus sou eu. Dai-me as soluções engenhosas e insights de minha mãe (e a paciência budista) para que nossas refeições sejam lembradas por ele com a mesma felicidade, doçura, carinho e amor com que lembro das minhas. Com ou sem bolão. Se concentra, papi.

Filho? Que foi? Nada, papi. Tô só pedindo a papai do céu para eu me concentrar e poder comer o almoço.

—

Filho, escrevo estas linhas com você sentado no meu colo. Estamos celebrando a primeira vez que você provou tapioca! Você come uma com recheio de lombo canadense e pediu bis. Eu sei que não é a tradicional com coco e queijo, mas o feito lhe valeu uma medalha de "risk taker" que fizemos juntos. Sua mãe ficou muito feliz.

No último fim de semana fomos ver seu avô em Arapiraca (AL) e você praticou muito na sua nova bicicleta. Isso mesmo! Você já está pedalando muito bem! Ainda com rodinha, mas com certeza está de parabéns!

Ah... Você pediu para escrever aqui seu novo apelido: zé boió. Claro que sua mãe não gostou. rsrsrsrsrsrsrsrsrs

—

Filho, você me pede para escrever que "Guilherme comeu sushi pela primeira vez e gostou". Foi isso mesmo! Você comeu sunomono, kani e peixe branco. Engraçado recordar que o primeiro restaurante que você foi era justamente um de comida japonesa que ficava na esquina de casa. Você ainda era bebê e ficou no bebê conforto em cima da mesa. Foi também a primeira saída que eu e sua mãe demos depois que você nasceu.

Eu sei que este diário é sobre suas primeiras vezes, mas hoje farei o registro de uma segunda vez porque acho que merece. Você tropeçou e cortou o queixo de novo. Então, antes de irmos para o restaurante, passamos pelo hospital. Por sorte, nada demais e nem precisou de ponto. Só o susto.

—

Filho, hoje revendo alguns vídeos de quando você tinha menos de três anos ficamos muito surpresos de ver o quanto você progrediu em tantas áreas em menos de dois anos, sobretudo na fala.

Neste ano na escola você está no *Intermediate* e já escreve seu nome, o meu e o da sua mãe bem certinho.

Você ainda acredita em papai noel e coelhinho da páscoa. Eu e sua mãe, preparamos as surpresas para você: pegadas de coelho, bilhetinhos e cartinhas de/para o papai noel... Hoje foi domingo de Páscoa e sua mãe fez um ovo de chocolate sem leite para você. Ainda não vendem ovos de chocolate de soja.

Neste feriado fomos na granja de Tio Nando e você viu pela primeira vez bodes, burrinhos e até um galo cantando. Pegou abacate e limão dos pés e curtiu muito em Paudalho.

Durante a semana eu e você fomos nos vacinar e você chorou um pouquinho quando levou a injeção na perna. Mas foi um rapazinho quando fomos no laboratório coletar sangue para exames. Não chorou nada! É... Você está realmente crescendo.

—

Linguagem de filho

Era para ser um registro sobre duas de suas mais recentes primeiras vezes: hambúrguer e lasanha. Sua mãe decidiu fazer os dois em casa no fim de semana como forma de já ir te preparando para o tipo de comida que poderíamos encontrar na viagem à Califórnia em menos de dois meses. Mas, esse tipo de registro que eu faço regularmente em seu diário, e que eu pretendo te entregar algum dia, foi atravessado por uma onda de pérolas de tua tardia fala, cheia de ideias mirabolantes e lógicas fantasiosas.

Ao anoitecer, num desses dias em que meu trabalho no *home office* vai chegando ao fim, entre a saída de Vanessa (nossa secretária aqui em casa) e a chegada de tua mãe do trabalho, depois de falarmos um pouco sobre irmãozinhos e irmãzinhas, você olha para mim e solenemente me diz: "É no fim do dia que as coisas se revelam, papi." Demorei para responder, meio paralisado e perdido em conjecturas sobre de qual desenho ou filme poderia ter vindo essa frase. Quando o fiz, você prontamente me explicou que aquilo tinha vindo da sua própria cabeça. Claro que assenti não só com a explicação, mas também com a máxima filosófica da frase em si. Realmente, muita coisa se revela no fim do dia, inclusive essas ideias geniais de tua cabecinha.

"É no fim do dia que as coisas se revelam, papi."

Outro o dia, durante o banho, você me perguntou o que era ser macho. Hesitei por alguns instantes enquanto colocava o shampoo na tua cabeça ponderando qual seria a resposta correta para a pergunta. Mais tarde, me diriam que o legal seria perguntar o que você achava que seria. O que eventualmente você me revelou e que foi algo que tinha a ver com ser forte e corajoso. Na hora o melhor que pude improvisar foi que ao invés de procurar ser macho era melhor se ocupar em ser um bom filho, amigo, neto, aluno e homem. Talvez quando você ler isso, a palavra e o conceito, principalmente, já estejam tão anacrônicos que minha resposta poderá parecer meio pueril. Mas fica o registro. A distinção hoje ainda precisa ser feita.

Recentemente, quando te pedi para escovar os dentes num sábado antes de sairmos para natação, você me veio com essa: "Papi, tenho uma ideia...que tal se usar o Tic Tac para escovar os dentes?" Parei de lavar a louça do café da manhã, olhei para você como quem precisa de um esclarecimento e logo tive o que procurava: "É que ele arde do mesmo jeito que a pasta". Me diz você agora, o que eu poderia ter respondido diante de uma lógica tão inusitada quanto essa? Gui, vai escovar logo esses dentes porque Tic Tac não vai te ajudar com os bichinhos da boca.

É isso, filho. Essa tua cabecinha tá a mil. E nós estamos adorando. E rindo muito à noite, depois que você dorme, repassando as últimas pérolas de Gui.

P.S.: mas, para não deixar de registrar outra 1ª vez... Você provou sopa de jerimum e adorou. =-)

—

Hoje é um daqueles dias em que me lembro com mais clareza do propósito deste diário: registrar as experiências que sua cabecinha ainda em formação pode não lembrar no futuro.

A proposta de um diário das primeiras vezes nem sempre é seguida à risca, pois muitas segundas e terceiras vezes são até mais dignas de registro.

É o caso do registro de hoje. Se bem que, por um lado, para você, é sim uma primeira vez. Para sua mãe e eu, uma segunda: você vai ter um(a) irmãozinho(a)! Sua mãe está no segundo mês de gravidez e vocês serão companheiros de aniversário pelo visto.

Sua reação foi de muita felicidade quando mostramos as imagens do primeiro exame de ultrassom. Você já vinha pedindo a Deus há um bom tempo para lhe dar "um bebê".

—

Gui, faz um tempão que não escrevo por aqui e o motivo foi o corre-corre com a mudança para o apartamento novo. Na verdade, foram duas mudanças. Tivemos que entregar o apartamento em que morávamos no Espinheiro em novembro e como o novo ainda não estava pronto, fomos para o apartamento de Tio Nando. Ficamos lá até janeiro e só então viemos definitivamente. Nesse tempo este diário ficou encaixotado com o resto da mudança em um depósito.

Seu irmão Lucas cresce saudável na barriga da mamãe e já está com aproximadamente sete meses. O quarto dele fica ao lado do seu, mas ainda estamos decorando. Já o seu está um sucesso: é inspirado no livro "Where the wild things are". Tem árvores pintadas na parede e você ganhou uma escrivaninha. Bem em tempo, pois esse ano você vai para o 1º ano do fundamental na escola e terá muitas tarefas, além dos dois dias de integral quando passará o dia lá. *Big boy indeed.*

Entre a última vez que escrevi aqui e agora, tivemos muita coisa que comemorar, mas definitivamente a notícia que sua alergia a ovo e leite de vaca passou foi sem dúvida uma das melhores. Você já voltou a comer bolos com ovo, inclusive um de seus favoritos como bom recifense: bolo de rolo. Cuscuz com ovo voltou ao cardápio do jantar e os iogurtes já não precisam ser de soja. Queijo ainda não está entre seus favoritos e você ainda prefere a pizza vegana que comeu nos últimos anos. Seu leitinho na hora de dormir continua sendo o de soja.

Hoje você vai para o primeiro treino de futebol na escola e eu estarei lá para ver você pôr em prática todas as nossas "técnicas" treinadas anos a fio no campinho do prédio. Kkkkkkkkkkkkkkkkkkk =-)

—

Nossa! Há quanto tempo eu não escrevia para você. Os últimos meses foram bem movimentados. A mudança para o apartamento novo, a chegada de Lucas e sua nova rotina escolar foram as grandes mudanças nesse semestre.

Lucas chegou dia 28 de abril e alterou nossas rotinas um pouco, mas parece que vocês vão se dar muito bem. Tenho certeza de que é o começo (ou continuação) de uma grande amizade. Você ajuda sua mãe com ele, segura-o no colo e faz muito carinho nele. Só não trocou nenhuma fralda ainda...rsrsrsrrsrsrs.

A mudança na rotina mexeu principalmente com a disponibilidade de sua mãe para ficar com você. Tenho tentado suprir isso passando mais tempo com você: passeios, cinema, parques... Você adora ir ao Parque da Jaqueira aos sábados pela manhã: faz amigos, joga bola, brinca com bolhas de sabão. Na volta para casa, compramos gibis ou cartas de Pokémon na banca de revista.

—

Monkey bars

A gente mudou para um apartamento mais perto do parque e nossas visitas lá ficaram mais frequentes, principalmente depois que seu irmão nasceu e precisávamos te tirar um pouco mais de casa para que sua mãe pudesse se dedicar mais ao pequeno nos primeiros meses.

O roteiro era invariavelmente: escorrego, futebol, picolé, caçar bolhas de sabão e pé na areia. Eventualmente Pokémon (comigo ou com alguma criança que você conhecia no parque) e comprar gibi na volta para casa, que era feita a pé para aproveitar e resolver umas coisas: ir nos correios, farmácia, comprar queijo ou flores para sua mãe.

Bem recentemente, você se interessou pelas monkey bars do parque. Não achei palavra melhor nem equivalente no Português para este brinquedo, mas ele é bem comum nos parques. São barras elevadas do solo nas duas extremidades, como se fosse uma escada deitada, em que temos que... Esquece! São assim:

Como eu dizia, você estava brincando com mais frequência nelas. Eu preciso me corrigir: tentando brincar, pois conseguia no máximo avançar até a segunda ou terceira barra e logo caía. Seguindo no meu modo treinador, incentivava, mostrava uns atalhos, corrigia umas posições... Mas vi que aquilo ainda parecia um desafio um pouco além do que você poderia naquele momento. Então resolvi me afastar um pouco de você nas próximas idas ao parque quando você estivesse brincando nas monkey bars. Quem sabe você não aprendia observando as outras crianças?

Sábado passado, depois de caçar as bolhas de sabão, você voltou a tentar e eu voltei a me distanciar um pouco. Mas, de alguma maneira eu sentia que naquele dia você conseguiria. Não sei o que me fez ter certeza: o jeito confiante com que você subiu no brinquedo, o fato da competividade com as outras crianças ou simplesmente um *wishful thinking* paternal. E você foi lá e atravessou todo o brinquedo pendurado aparentemente sem nenhum esforço sobre-humano. Parecia que você tinha feito aquilo a vida toda. Naturalmente.

Não sei como você vai lembrar desse dia, mas para mim a lembrança que ficará eternamente gravada na memória será a do seu olhar procurando o meu assim que chegou na outra extremidade do brinquedo. Era um olhar de quem procura o reconhecimento pelo esforço e a cumplicidade de quem quer dividir uma conquista que só nós entenderíamos. Abri um sorrisão ao ver o seu sorrisão e levantei os punhos no ar comemorando com você. Até a hora de voltarmos para casa você ainda repetiu o feito mais cinco vezes, se gabando de cada uma delas. Teve abraço da vitória, comemoração em casa e narração pormenorizada para a mamãe. Você até me confidenciou que tinha usado uma dica que eu tinha te dado (e eu nem lembrava mais): 'papi, fiz como você me falou... Não parei para pensar'.

Não sei quão feliz você foi naquele exato momento em que nossos olhares se cruzaram através do parque e das pessoas, mas eu fui tão feliz como jamais tinha sido, macaquinho.

Parecia que você tinha feito aquilo a vida toda. Naturalmente.

Filhão, esta semana pude testemunhar você dar o laço no sapato duas vezes! Isso parecia tão distante há tão pouco tempo! Como você cresceu, Guigo.

Este ano você passou a receber mesada, ou melhor, semanada: a cada semana, dependendo do seu comportamento e desempenho nas tarefas domésticas, eu te dou entre 7 e dez reais. Nós acompanhamos isso através de um quadrinho com coisas do tipo: ajudar em casa, tomar banho, escovar os dentes, respeitar os pais etc. De tempos em tempos, mudamos as categorias.

Falando em comportamento, julho foi bem desafiador para nós. Suas trelas ficaram um pouco fora de controle e sua mãe e eu precisamos de um pouco mais de paciência do que o habitual. Mas, acho que a falta de rotina e o fato de não termos saído muito de casa nesse período, contribuiu para isso. Que bom que as aulas recomeçaram e tudo entrou nos eixos novamente. O top 3 de trelas nas férias foi:

1. Jogar o tubo de pasta de dentes novinho no lixeiro;

2. Entupir a pia do banheiro com cera derretida da vela aromática;

3. Quebrar a cortina do seu quarto.

Apesar disso tudo, você tem sido um irmão amoroso. Adora ficar com Lucas no colo e sempre ajuda sua mãe nos cuidados com ele.

Este diário se aproxima do fim. À medida que sua memória fica melhor, ele vai perdendo a principal função: registrar aquilo que você pode não se lembrar antes dos sete anos.

—

Acho que esta é a primeira vez que escrevo para falar mais de preocupações do que de conquistas suas. As preocupações são nossas, claro.

Não nos entenda mal. Talvez o tempo nos diga apenas que fomos pais inexperientes ou preocupados demais. Esperemos. O fato é que o mau comportamento continuou este mês. Estávamos preparados para alguma dificuldade por conta de ciúmes de seu irmão, mas não esperávamos o surto de trela que viria.

Estamos conscientes de que a ma/paternidade não é só doçura. Sabemos que a missão de educar filhos transcende as vidas atuais de todos nós, mas estamos confiantes que amor e cuidado são os melhores remédios para esta tarefa. Te amamos e sei que você nos ama também. Sigamos.

P.S.: você foi escolhido para carregar a tocha na abertura dos jogos interclasse da escola e correu tudo bem. Você não tocou fogo em nada. =-)

—

A criança adulto

Hoje foi um daqueles sábados. Um daqueles em que eu e você passamos muito tempo juntos. Começou bem cedo, como geralmente acontece, com panquecas no café da manhã feitas por sua mãe. Uma de suas comidas favoritas, aliás.

Tínhamos uma agenda cheia que incluía desde cortar o cabelo até lavar o carro. Natação, feira de troca de livros e uma festa de aniversário no cinema perto de casa ainda estavam no roteiro. Eu já amanheci cansado só de pensar.

Sua mãe iria passar boa parte do dia na casa da tia que acabava de ganhar neném e precisava de uma ajuda. Ela levaria Lucas e seríamos eu e você quase todo o sábado. Eu estava, confesso, meio chateado de não ter um dia sem compromissos depois de uma semana cheia de reuniões e coisas chatas como exames e renovação da CNH.

As coisas começaram a mudar quando chegamos no cinema para o aniversário de uma de suas colegas de classe. Ia ter bolo, parabéns e no meio todos iam assistir ao Abominável, uma animação sobre um Yeti perdido na China. Quase toda a turma da escola estava lá e a farra foi grande: pipoca, dança e gritaria no cinema.

Depois fomos trocar uns livros numa feira organizada pelo shopping center lá mesmo onde assistimos ao filme. Você trocou 4 livros e eu 3. Um dos seus, sobre dragões, não era exatamente apropriado para sua idade (com 643(!!!) páginas, como você mesmo notou ao chegar em casa), mas eu não ia te desencorajar, não é?

Almoçamos sushi na praça de alimentação e voltamos para casa para, antes de dormir, lermos um dos livros (*Sete histórias para sacudir o esqueleto*). Não deixo de me surpreender com a velocidade do tempo: um dia desses estávamos te levando para sessões de fonoaudiologia por causa de um leve atraso de fala. Hoje, você lê livros em duas línguas.

À tarde, depois de nosso cochilo, ainda teve paçoca, amendoim e leite achocolatado. Pequenas indulgências no fim de semana. Quando sua mãe chegou com seu irmão, estávamos no meio de uma batalha de Lego do bem contra o mal em que o Batman e o Robin (esse último, estrelando seu 1º filme como você me lembrou) em um jato da força área chinesa enfrentavam vilões sem cabeça. Eu fazia as vozes dos personagens enquanto você ficava a cargo do roteiro.

O dia já virava noite e eu e você ainda tínhamos umas missões: comprar frutas e leite para Lucas. No meio do caminho, acrescentamos a missão secreta: comprar comida e chamar a mamãe para o jantar na varanda: assiette de tapas. Você preferiu quibe e nuggets de frango.

Depois do banho enquanto eu te ajudava a se enxugar, você olhou para mim e disparou: "papi, você é um adulto criança." Eu ia te perguntar o que isso significava e estava resolvido a começar este texto com essa frase, mas acho que eu já tinha elementos suficientes para tirar minhas conclusões e poupar você tanto de me explicar quanto de ler o óbvio no futuro.

Fico por aqui, minha criança adulto.

—

Venho ensaiando há algum tempo o fim deste diário. Não porque já não haja mais primeiras vezes suas a relatar. Longe disso. Mas é que você vai atingindo a idade em que poderá confiar nas próprias memórias ao invés de ler minhas enviesadas linhas sobre tua vida até aqui.

Estava à espera de um grande acontecimento que fechasse com chave de ouro estes relatos. Confesso que vinha torcendo secretamente por uma façanha esportiva, algo do tipo: seu primeiro gol no futsal. Mas, ainda que você apresente hoje muito progresso no futebol (sobretudo como goleiro, por ironia), ele ainda não veio. Vocês até já foram campeões de um torneio de futsal entre colégios aqui de Recife. Mas, gol mesmo, nada ainda.

Cheguei a pensar que escreveria sobre sua primeira namoradinha, posto que você já nos confidenciou seu "amor" por uma colega de sala. Achamos muito bonitinho quando você nos disse que fez carinho no pezinho dela por baixo da mesa na sala de aula assim como fizemos com você tantas vezes durante as refeições. Será?

Seriam ótimas primeiras vezes para fechar este diário. Contudo, elas ainda não se concretizaram.

—

7 anos. Hoje na prece antes de dormir, eu e sua mãe te revelamos uns momentos bem doces e particulares da vida que você nos trouxe. Tomara que você lembre. Até porque, este diário está acabando e você vai ter que se virar com suas próprias lembranças.

Para não fugirmos do objetivo primordial do diário, seguem algumas primeiras vezes nesse período:

Você ganhou seu primeiro videogame de aniversário e até já zerou o primeiro jogo. Adiantamos um pouco a surpresa por conta da quarentena imposta pela pandemia de COVID-19. Tenho certeza de que você vai poder ler e saber mais sobre essa fase da humanidade no futuro.

Depois de um mês de férias adiantadas por conta da pandemia, você retomou as aulas, só que em casa. Seu primeiro aniversário sem família ou amigos aconteceu em casa. Mas teve todo o resto: bolo, decoração, comidinhas e parabéns cantado via videochamada com a família.

Acho que é isso. Este singelo projeto que comecei para registrar tuas primeiras vezes termina aqui. Espero que as próximas páginas da tua vida venham com um crescente protagonismo dos teus relatos, de próprio punho, da tua cabecinha maravilhosa e das tuas ações.

Faz da vida o melhor que puderes e que nada te segure a não ser o respeito, a autopreservação e amor ao próximo. Usa dos poucos recursos que te deixaremos em prol de tua melhoria e das pessoas em teu entorno. Lembra-te de que o fardo é sempre igual ou mais leve do que nossa capacidade de carregá-lo. Faze o bem sem esperar compensação e vive na retidão dos honestos.

Ser teu pai está sendo a melhor escola para que me torne uma pessoa melhor. Obrigado por todas as lições e todo amor, felicidade e alegria que trouxeste para minha vida.

Teu pai.

O AUTOR

Hugo Albuquerque

Hugo Albuquerque é pai de Gui e Lucas. Recifense, torcedor do Sport Club Recife e professor, tomou gosto pela leitura durante as férias escolares passadas na casa da avó materna Lígia. Ainda pequeno se atreveu a escrever e sempre manteve seus textos não acadêmicos restritos aos amigos e familiares. Neste livro de estreia, apresenta um resumo do diário que manteve sobre as primeiras vezes do seu filho mais velho até os sete anos de idade, e das suas próprias como pai.

Pipa Comunicação Editorial

Acreditamos que produção e difusão de conhecimento podem mudar o mundo, por isso criamos um selo editorial. Criar experiências de leitura agradáveis e acessíveis para todos é a nossa missão. Para isso investimos em design e múltiplos formatos de leitura. Confiamos no poder da autoria e que todos somos autores em potencial, desta forma estimulamos a publicação do primeiro livro para dar voz e impulsionar o voo dos novos autores.

Saiba mais em: www pipacomunica.com.br

E-mail: contato@pipacomunica.com.br

www.ingramcontent.com/pod-product-compliance
Lightning Source LLC
LaVergne TN
LVHW020942200726
843506LV00011B/2090